일본어 짱 가나 쓰기 교본

대학교육문화원

머리말

안녕하세요? 반갑습니다. 이 책은 일본어를 체계적으로 공부해 보려고 하시는 당신께 하나의 지침서가 되어 드릴 것입니다.

일본어 공부에서 제일 중요한 것은 처음 가졌던 흥미를 잃지 않고 재미있고 끝까지 꾸준히 공부하는 것이겠죠! 그렇게 하기 위해서는 일본어 가나 쓰기부터 쉽고 재미있게 차근차근 공부하여야 합니다.

이 책은 일본어 가나를 쉽고도 재미있게 배울 수 있도록 꾸며진 문자와 발음 교재입니다. 이 책을 통해 히라가나, 가타가나, 탁음, 반탁음, 요음, 발음, 장음 등 일본어 공부에 필요한 기초를 쌓아 보시기 바랍니다.

이 책의 특징은 풍부한 예시를 통한 히라가나와 가타가나의 쓰기의 완벽을 지향할 뿐만 아니라, 자연스레 쓰기를 통해 일본어 기본단어와 기본인사말 등 기본회화를 습득할 수 있도록 꾸며진 데에 있습니다.

기존 시중의 가나 쓰기 책은 히라가나 가타가나의 기본 오십음도의 쓰기에 대부분 지면을 할애하고 있습니다만, 이 가나쓰기 책은 일본어 짱을 지향하기에 히라가나와 가타가나의 탁음·반탁음·촉음·발음(撥音)·장음, 문장연습 등 일본어 쓰기와 발음과 관련된 모든 부분을 총망라하고 있는 가나쓰기 책입니다.

모쪼록 이 책으로 공부하시는 여러분들은, 자신감을 갖으시고 앞으로 일본어 공부를 꾸준히 하시어, 일본어를 통한 자기발전과 많은 유익한 정보 습득, 그리고 인생의 성공을 거두기 위한 힘찬 발걸음을 내딛기 바랍니다. 감사합니다.

이 책의 구성 및 특징

▶ 일본어교재로서는 처음으로 일본어 가나 문자의 암기에 동요의 원리를 적용하여 단어쓰기 연습

▶ 가나의 모든 문자 쓰기에 단어쓰기 학습을 병행

▶ 일본어 문자인 가나를 이 한권으로 완벽하게 쓸 수 있도록 가나 쓰기의 완벽을 기함

▶ 일본어 문자인 가나를 이 한권으로 완벽하게 쓸 수 있도록 각 문자마다 다음의 4단계 과정을 설정하여 반복쓰기 연습
첫 번째는【필순(筆順)】을 삽입하여 모양과 쓰기 순서를 읽힘
두 번째는【덮어 쓰기】로 그려진 모양대로 따라 쓰기 연습
세 번째는【따라 쓰기】로 실제로 문자를 따라 쓰기 연습
네 번째는【단어 연습】으로 직접 쓰기 연습

▶ 일본어 기본문자인 히라가나 오십음도(청음)뿐만 아니라, 가타가나 오십음도(청음), 히라가나와 가타가나의 탁음·반탁음·촉음·발음(撥音)·장음 등 일본어 쓰기와 발음과 관련된 모든 부분을 총망라한 가나쓰기 교본

▶ 가나쓰기와 발음뿐만 아니라, 가나 쓰기를 통해 자연스레 일본어 기초단어, 생활인사회화 및 생활기초회화가 습득되도록 쓰기 내용에도 충실

차 례

CONTENTS

일본어의 문자와 발음

Chapter 01

1. 일본어의 문자

일본어 문자인 가나에는 히라가나(ひらがな, 平假名)와 가타가나(カタカナ, 平假名)의 두 종류가 있다. 현재 히라가나는 일반적인 표기를 할 때 사용하고, 가타가나는 외래어 표기나, 의성어와 의태어, 전보문, 강조표현 등에 사용하고 있다.

2. 가나의 자원(字源)

가나는 한자를 모체로 한 문자로 9~10세기 경부터 만들어 사용하였다. 히라가나는 한자의 초서체에서 발전한 것이고, 가타가나는 한자의 머리, 부수, 변 등의 일부를 간략화하여 만든 것이다. '글자의 원천'이라는 의미의 히라가나와 가타가나의 자원(字源)은 다음과 같다.

히라가나(ひらがな) 字源

あ	安	い	以	う	宇	え	衣	お	於
か	加	き	幾	く	久	け	計	こ	己
さ	左	し	之	す	寸	せ	世	そ	曾
た	太	ち	知	つ	川	て	天	と	止
な	奈	に	仁	ぬ	奴	ね	祢	の	乃
は	波	ひ	比	ふ	不	へ	部	ほ	保
ま	末	み	美	む	武	め	女	も	毛
や	也			ゆ	由			よ	与
ら	良	り	利	る	留	れ	礼	ろ	呂
わ	和							を	遠

가타가나(カタカナ) 字源

ア	阿	イ	伊	ウ	宇	エ	江	オ	於
カ	加	キ	幾	ク	久	ケ	介	コ	己
サ	散	シ	之	ス	須	セ	世	ソ	曾
タ	多	チ	千	ツ	川	テ	天	ト	止
ナ	奈	ニ	仁	ヌ	奴	ネ	祢	ノ	乃
ハ	八	ヒ	比	フ	不	ヘ	部	ホ	保
マ	末	ミ	三	ム	牟	メ	女	モ	毛
ヤ	也			ユ	由			ヨ	与
ラ	良	リ	リ	ル	ル	レ	レ	ロ	呂
ワ	和							ヲ	乎

3. 한자어의 읽기

일본어는 가나와 한자를 병용해서 사용한다. 일본은 현재 1945자의 상용한자(常用漢字)를 정하여 사용하고 있으며, 한자는 우리나라와 달리 정자(正字)를 사용하지 않고 약자(略字)를 사용한다. 이 외에도 수는 적지만, 일본에서 만든 한자인 국자(国字)를 사용하는 경우도 있다.

略字의 예 ➡ 學生(학생, 한국) → 学生(일본)
国字의 예 ➡ 峠(とうげ, 토게(산고개))

한자어의 읽는 방법에는 크게 나누어 두 가지가 있는데, 한자의 음으로 읽는 음독(音讀)과 한자의 뜻으로 읽는 훈독(訓讀)이 있다.

音讀의 예 ➡ 歌(한국, 가/일본, か(가))
音(한국, 음/일본, おん(온))

訓讀의 예 ➡ 歌(한국, 가/일본, うた(우타(노래))
音(한국, 음/일본, おと(오토(소리))

4. 오십음도(五十音圖)

일본어 문자인 가나를 5자씩 10열 배열한 도표를 오십음도라 하며 10행(行)과 5단(段)으로 이루어져 있다. 오십음도에는 히라가나 오십음도와 가타가나 오십음도가 있다.

① 히라가나 오십음도(五十音圖) 표
– 청음(清音)

	あ단	い단	う단	え단	お단
あ행	あ 아 a	い 이 i	う 우 u	え 에 e	お 오 o
	あい 사랑	いえ 집	うえ 위	え 그림	あお 파랑
か행	か 카 ka	き 키 ki	く 쿠 ku	け 케 ke	こ 코 ko
	かき 감	き 나무	きく 국화	いけ 연못	こえ 소리
さ행	さ 사 sa	し 시 shi	す 스 su	せ 세 se	そ 소 so
	あさ 아침	しか 사슴	すいか 수박	あせ 땀	うそ 거짓말
た행	た 타 ta	ち 치 chi	つ 츠 tsu	て 테 te	と 토 to
	たけ 대나무	ちち 아빠	つき 달	て 손	とけい 시계
な행	な 나 na	に 니 ni	ぬ 누 nu	ね 네 ne	の 노 no
	なし 배	あに 형, 오빠	いぬ 강아지	ねこ 고양이	のり 김

	あ단	い단	う단	え단	お단
は행	は 하 ha	ひ 히 hi	ふ 후 hu	へ 헤 he	ほ 호 ho
	はは	**ひ**こうき	**ふ**ね	**へ**や	**ほ**んだな
	엄마	비행기	배	방	서가
ま행	ま 마 ma	み 미 mi	む 무 mu	め 메 me	も 모 mo
	く**ま**	**み**み	**む**し	**め**	く**も**
	곰	귀	벌레	눈	거미
や행	や 야 ya		ゆ 유 yu		よ 요 yo
	やま		**ゆ**き		**よ**なか
	산		눈		한밤
ら행	ら 라 ra	り 리 ri	る 루 ru	れ 레 re	ろ 로 ro
	そ**ら**	**り**す	く**る**ま	**れ**っしゃ	**ろ**ば
	하늘	다람쥐	자동차	열차	당나귀
わ행	わ 와 wo				を 오 wo
	わたし				ゆめ**を** みる
	나				꿈을 꾼다
받침글자	ん o n m				
	ㅇ, ㄴ, ㅁ				
	にほ**ん**ご				
	일본어				

② 가타가나 오십음도(五十音圖) 표

– 청음(清音)

	あ단	い단	う단	え단	お단
あ행	ア 아 a	イ 이 i	ウ 우 u	エ 에 e	オ 오 o
	アイスクリーム 아이스크림	イルカ 돌고래	ウルトラマン 울트라맨	エレベーター 엘리베이터	オートバイ 오토바이
か행	カ 카 ka	キ 키 ki	ク 쿠 ku	ケ 케 ke	コ 코 ko
	カメラ 카메라	キッチン 주방	クッキー 쿠키	ケーキ 케이크	コーヒー 커피
さ행	サ 사 sa	シ 시 shi	ス 스 su	セ 세 se	ソ 소 so
	サーカス 서커스	シーソー 시소	スケート 스케이트	セーター 스웨터	ソーセージ 소세지
た행	タ 타 ta	チ 치 chi	ツ 츠 tsu	テ 테 te	ト 토 to
	タクシー 택시	チーズ 치즈	シャツ 셔츠	テレビ 텔레비전	トマト 토마토
な행	ナ 나 na	ニ 니 ni	ヌ 누 nu	ネ 네 ne	ノ 노 no
	ナイフ 나이프	テニス 테니스	カヌー 카누	ネクタイ 넥타이	ノート 노트

	あ단	い단	う단	え단	お단
は행	ハ 하 ha ハンバーガー 햄버거	ヒ 히 hi ハイヒール 하이힐	フ 후 hu フライパン 프라이팬	ヘ 헤 he ヘリコプター 헬리콥터	ホ 호 ho ホットドッグ 핫도그
ま행	マ 마 ma マンション 맨션	ミ 미 mi ミルク 우유	ム 무 mu ハム 햄	メ 메 me メロン 멜론	モ 모 mo モノレール 철도
や행	ヤ 야 ya ヤクルト 야쿠르트		ユ 유 yu ユニホーム 유니폼		ヨ 요 yo ヨット 요트
ら행	ラ 라 ra ラジオ 라디오	リ 리 ri リレー 릴레이	ル 루 ru ルビー 루비	レ 레 re レストラン 레스토랑	ロ 로 ro ローラースケート 롤러스케이트
わ행	ワ 와 wo ワンピース 원피스				ヲ 오 wo 해당단어 없음
받침글자	ン o n m ㅇ, ㄴ, ㅁ パン 빵				

히라가나 단어 암기 동요

사랑 가득한 **집** 지붕 **위**의 하늘 **그림**은 **파랑**

집에는 **감 나무**와 **국화** 꽃에, **연못 소리**까지 들리고.

아침에 **사슴**은 **수박**을 먹고 **땀**을 흘렸다고 **거짓말**을 하고

밤에 **대나무** 베시는 **아빠**는 **달**을 **손 시계** 삼으시고

배를 먹는 **형**은 **강아지 고양이**에게 **김**을 먹이고

엄마는 **비행기**와 **배** 장난감을 **방 서가**에 올려놓으시고

곰의 **귀**에는 **벌레**, **눈**에는 **거미**줄

산 속의 **눈**은 **한밤**중에 얼고

하늘 다람쥐는 **자동차 열차**를 타고 **당나귀**한테 놀러가고

나는 **꿈**을 **꾼다**, **일본어** 짱!

5. 탁음(濁音) (청음 + ˝)

일본어의 탁음은 오십음도(청음) 중, 「か」, 「さ」, 「た」, 「は」 행(行)의 가나문자 위에 〔˝〕(탁점, 濁音)을 붙여서 나타낸다.

▶ 히라가나 탁음(濁音) 표

が 가 ga	ぎ 기 gi	ぐ 구 gu	げ 게 ge	ご 고 go
めがね 안경	かぎ 열쇠	かぐ 가구	げんかん 현관	たまご 달걀
ざ 자 za	じ 지 zi	ず 즈 zu	ぜ 제 ze	ぞ 조 zo
ざしき 손님방	そうじ 청소	すずめ 참새	かぜ 바람	ぞう 코끼리
だ 다 da	ぢ 지 zi	づ 즈 zu	で 데 de	ど 도 do
くだもの 과일	はなぢ 코피	つづき 연결	でんわ 전화	こども 어린이
ば 바 ba	び 비 bi	ぶ 부 bu	べ 베 be	ぼ 보 bo
かば 하마	えび 새우	ぶた 돼지	くちべに 립스틱	ぼうし 모자

▶ 가타가나 탁음(濁音) 표

ガ ga	ギ gi	グ gu	ゲ ge	ゴ go
ガム 껌	ギター 기타	グラス 컵	ゲスト 손님	ゴルフ 골프
ザ za	ジ zi	ズ zu	ゼ ze	ゾ zo
ザボン 자몽	ジーンズ 청바지	ズボン 바지	ゼロ 영	ゾーン 지역, 존
ダ da	ヂ zi	ヅ zu	デ de	ド do
ダイヤル 다이얼	ー	ー	デザート 디저트	ドア 문
バ ba	ビ bi	ブ bu	ベ be	ボ bo
バナナ 바나나	ビール 맥주	ブラシ 브러시	ベルト 벨트	ボール 공

6. 반탁음(半濁音) (청음 + ゜)

일본어의 반탁음은 오십음도(청음) 중, 「は」행(行)의 가나문자 위에 〔 ゜ 〕(반탁점, 半濁点)을 붙여서 나타낸다.

▶ **히라가나 반탁음**(半濁音) **표**

ぱ 파 pa	ぴ 피 pi	ぷ 푸 pu	ぺ 페 pe	ぽ 포 po
かんぱい 건배	えんぴつ 연필	きっぷ 표	ぺこぺこ 꼬르륵	しっぽ 꼬리

▶ **가타가나 반탁음**(半濁音) **표**

パ pa	ピ pi	プ pu	ペ pe	ポ po
パンツ 팬츠	ピアノ 파아노	プール 수영장	ペンギン 펭귄	ポスト 우체통

7. 요음(拗音) (い단(段) + 작은 ゃ·ゅ·ょ)

일본어의 요음은 い단(き, ぎ, し, じ, ち, ぢ, に, ひ, び, ぴ, み, り)의 자음 가나문자의 오른쪽 밑 부분에 「ゃ, ゅ, ょ」를 작게 표기하여 앞 음절과 함께 한 음절처럼 발음된다.

히라가나 요음(拗音) 표

きゃ	캬 kya	きゅ	큐 kyu	きょ	쿄 kyo
しゃ	샤 sha	しゅ	슈 shu	しょ	쇼 sho
ちゃ	차 cha	ちゅ	츄 chu	ちょ	쵸 cho
にゃ	냐 nya	にゅ	뉴 nyu	にょ	뇨 nyo
ひゃ	햐 hya	ひゅ	휴 hyu	ひょ	효 hyo
みゃ	먀 mya	みゅ	뮤 myu	みょ	묘 myo
りゃ	랴 rya	りゅ	류 ryu	りょ	료 ryo

ぎゃ	갸 gya	ぎゅ	규 gyu	ぎょ	교 gyo
じゃ	쟈 ja	じゅ	쥬 ju	じょ	죠 jo
びゃ	뱌 bya	びゅ	뷰 byu	びょ	뵤 byo

ぴゃ	퍄 pya	ぴゅ	퓨 pyu	ぴょ	표 pyo

가타카나 요음(拗音) 표

キャ	kya	キョ	kyu	キョ	kyo
シャ	sha	ショ	shu	ショ	sho
チャ	cha	チュ	chu	チョ	cho
ニャ	nya	ニュ	nyu	ニョ	nyo
ヒャ	hya	ヒュ	hyu	ヒョ	hyo
ミャ	mya	ミュ	myu	ミョ	myo
リャ	rya	リュ	ryu	リョ	ryo

ギャ	gya	ギュ	gyu	ギョ	gyo
ジャ	ja	ジュ	ju	ジョ	jo
ビャ	bya	ビュ	byu	ビョ	byo

ピャ	pya	ピュ	pyu	ピョ	pyo

8. 촉음(促音) (작은「っ」)

촉음은「つ」를 작게 쓴 것. 작은「っ」. 뒤에 오는 글자에 따라「ㄱ, ㅅ, ㄷ, ㅂ」으로 발음됨. 요음과는 달리 1박자의 음 길이를 가짐

1)「か」행의 음이 뒤에 올 때는「ㄱ」으로 발음됨.

➥ がっこう(학교), にっき(일기), がっき(악기), バッグ(가방)

2)「さ」행의 음이 뒤에 올 때는「ㅅ」으로 발음됨.

➥ ざっし(잡지), あっしょう(압승), きっさてん(찻집), マッサージ(마사지)

3)「た」행의 음이 뒤에 올 때는「ㄷ」으로 발음됨.

➥ きって(우표), ヘルメット(헬멧), スイッチ(스위치), ロケット(로켓)

4)「ぱ」행의 음이 뒤에 올 때는「ㅂ」으로 발음됨.

➥ きっぷ(차표), いっぷん(1분), コップ(컵), トップ(톱, top)

9. 발음(撥音) (받침 글자인「ん」)

발음(撥音)은 받침 글자인「ん」. 뒤에 오는 글자의 초성음에 따라 우리나라의「ㄴ, ㅁ, ㅇ」과 비슷한 음으로 발음됨.

1)「ざ, た, だ, な, ら」행의 음이 뒤에 올 때는「ㄴ」으로 발음됨.

➥ にんじん(당근), せんたく(세탁), うんどう(운동), おんな(여자)

2)「ま, ば, ぱ」행의 음이 뒤에 올 때는「ㅁ」으로 발음됨.

➥ とんぼ(잠자리), しんぶん(신문), たんぽぽ(민들레), ハンマ(망치)

3)「か, が」행의 음이 뒤에 올 때는「ㅇ」으로 발음됨.

➥ きんか(무궁화), まんが(만화), てんいん(점원), ワンワン(멍멍)

4) 단어의 맨 끝이나 さ행과 모음(あ행), 반모음(や행、わ행), は행 음 앞에 오는 경우는 우리말의「ㄴ」과「ㅇ」의 중간음으로 발음됨. 단, さ행 앞에 오는 경우는「ㅇ」보다는「ㄴ」에 좀 더 가깝고, 모음, 반모음, は행 음 앞에 오는 경우는「ㄴ」보다는「ㅇ」에 좀 더 가깝게 발음됨.

➥ えほん(그림책), がばん(가방), でんわ(귤), しんい(진의(眞意))

10. 장음(長音) (받침 글자인「ん」)

장음은 동일한 단(段)의 음이 연속될 경우, 뒤에 오는 모음을 장음화해서 발음하는 것으로「あ, い, う, え, お」로 표기됨. 단, 가타가나는「ー」로 표기함

1) 〈あ단(段)의 장음〉

「あ」를 붙여서 장음을 나타냄.

➥ おかあさん(어머니), おばあさん(할머니), ハンガー(옷걸이)

2) 〈い단(段)의 장음〉

「い」를 붙여서 장음을 나타냄.

➥ おにいさん(형님, 오빠), おじいさん(할아버지)

3) 〈う단(段)의 장음〉

「う」를 붙여서 장음을 나타냄.

➥ すうがく(수학), どうぐ(도구), ふうせん(풍선)

4) 〈え단(段)의 장음〉

「え」를 붙여서 장음을 나타냄. 한자어의 경우는 「え」를 붙여서 장음을 나타내는 경우도 있는데, 이 경우 발음은 〔e :(에-)〕 또는 〔e i(에이)〕로 발음함.

➥ おねえさん(누님, 언니), とけい(시계), せんせい(선생님)

5) 〈お단(段)의 장음〉

「う」,「お」를 붙여서 장음을 나타냄. 한자어의 경우는 「え」를 붙여서 장음을 나타내는 경우도 있는데, 이 경우 발음은 〔e :(에-)〕 또는 〔e i(에이)〕로 발음함.

➥ おとうさん(아버님), くうこう(공항), トースト(토스트)

히라가나 청음쓰기 연습

Chapter 02

히라가나 청음(清音)을 자신 있게 따라 연습해 보자.

1. あ행

あ	あ	あ				
い	い	い				
う	う	う				
え	え	え				
お	お	お				

* 우리말의 〔아, 이, 우, 에, 오〕에 가깝게 발음. 단, 〔う〕 발음은 우리말의 〔우〕보다는 〔으〕에 더 가깝게 발음함. 〔う〕 단 발음은 이하에서도 동일하게 적용됨.

1-1 〈あ행〉 단어 익히기

소리 내여 읽고, 써보자.

→ あい(사랑), いえ(집), うえ(위), あお(파랑)

あ	い								
い	え								
う	え								
あ	お								

2. か행

か	か	か				
き	き	き				
く	く	く				
け	け	け				
こ	こ	こ				

* 우리말의 〔카, 키, 쿠, 케, 코〕에 가깝게 발음. 단, か행의 〔k〕 음은 단어의 맨 앞에 올 때는 우리말의 발음의 〔ㄱ〕에 가깝고, 그 외에는 〔ㅋ〕에 가깝게 발음함.

2-1 〈か행〉 단어 익히기

소리 내여 읽고, 써보자.

➥ かき(감), き(나무), きく(국화), いけ(연못), こえ(소리)

か	き								
き									
き	く								
い	け								
こ	え								

3. さ행

さ	さ	さ
し	し	し
す	す	す
せ	せ	せ
そ	そ	そ

* 우리말의 〔사, 시, 스, 세, 소〕에 가깝게 발음.

3-1 〈さ행〉 단어 익히기

소리 내여 읽고, 써보자.

➥ あさ(아침), しか(사슴), すいか(수박), あせ(땀), うそ(거짓말)

あさ

しか

すいか

あせ

うそ

4. た행

た	た	た				
ち	ち	ち				
つ	つ	つ				
て	て	て				
と	と	と				

* 우리말의 〔타, 치, 츠, 테, 토〕에 가깝게 발음. 단, 〔た〕, 〔て〕, 〔と〕 음은 단어의 맨 앞에 올 때는 우리말의 발음의 〔ㄷ〕에 가깝고, 그 외에는 〔ㅌ〕에 가깝게 발음함. 〔ち〕, 〔つ〕의 경우는 우리말에는 없는 발음으로, 발음에 유의해야 하며, 발음은 우리말의 〔치, 츠〕에 가깝게 발음.

4-1 〈た행〉 단어 익히기

소리 내여 읽고, 써보자.

➥ たけ(대나무), ちち(아빠), つき(달), て(손), とけい(시계)

た	け								
ち	ち								
つ	き								
て									
と	け	い							

5. な행

な	な	な				
に	に	に				
ぬ	ぬ	ぬ				
ね	ね	ね				
の	の	の				

* 우리말의 〔나, 니, 누, 네, 노〕에 가깝게 발음.

5-1 〈な행〉 단어 익히기

소리 내여 읽고, 써보자.

➥ なし(배), あに(형, 오빠), いぬ(강아지), ねこ(고양이), のり(김)

な	し								
あ	に								
い	ぬ								
ね	こ								
の	り								

6. は행

は	は	は				
ひ	ひ	ひ				
ふ	ふ	ふ				
へ	へ	へ				
ほ	ほ	ほ				

* 우리말의 〔하, 히, 후, 헤, 호〕에 가깝게 발음.

6-1 〈は행〉 단어 익히기

소리 내어 읽고, 써보자.

↪ はは(엄마), ひこうき(비행기), ふね(배), へや(방), ほんだな(서가)

は	は								
ひ	こ	う	き						
ふ	ね								
へ	や								
ほ	ん	だ	な						

7. ま행

まままm						
ま	ま	ま				
み	み	み				
む	む	む				
め	め	め				
も	も	も				

* 우리말의 〔마, 미, 무, 메, 모〕에 가깝게 발음.

7-1 〈ま행〉 단어 익히기

소리 내여 읽고, 써보자.

↪ くま(곰), みみ(귀), むし(벌레), め(눈), くも(거미)

く	ま								
み	み								
む	し								
め									
く	も								

8. や행

や	や	や				
ゆ	ゆ	ゆ				
よ	よ	よ				

* 우리말의 〔야, 유, 요〕에 가깝게 발음.

8-1 〈や행〉 단어 익히기

소리 내여 읽고, 써보자.

➥ やま(산), ゆき(눈), よなか(한밤)

や	ま								

ゆ	き								

よ	な	か							

9. ら행

ら	ら	ら				
り	り	り				
る	る	る				
れ	れ	れ				
ろ	ろ	ろ				

* 우리말의 〔라, 리, 루, 레, 로〕에 가깝게 발음.

9-1 〈ら행〉 단어 익히기

소리 내여 읽고, 써보자.

➥ そら(하늘), りす(다람쥐), くるま(자동차), れっしゃ(열차), ろば(당나귀)

そ	ら								
り	す								
く	る	ま							
れ	っ	し	ゃ						
ろ	ば								

10. わ행([ん] 은 받침으로 별도임)

わ	わ	わ				
を	を	を				
ん	ん	ん				

* 우리말의 〔와, 오, 응〕에 가깝게 발음. 〔を〕는 あ행의 〔お〕와 발음이 동일함. 〔ん〕은 받침으로 우리말의 〔ㅇ, ㄴ, ㅁ〕의 세 가지 발음에 가깝게 발음함.

10-1 〈わ행〉 단어 익히기

소리 내여 읽고, 써보자.

➥ わたし(나), ゆめを みる(꿈을 꾼다), にほんご(일본어)

わ	た	し							
ゆ	め	を							
に	ほ	ん	ご						

Memo

가타가나 청음쓰기 연습

Chapter 03

가타가나 청음(清音)을 자신 있게 따라 연습해 보자.

1. ア행

ア	ア	ア				
イ	イ	イ				
ウ	ウ	ウ				
エ	エ	エ				
オ	オ	オ				

* 우리말의 〔아, 이, 우, 에, 오〕에 가깝게 발음. 단, 〔う〕 발음은 우리말의 〔우〕 보다는 〔으〕에 더 가깝게 발음함. 〔う〕 단 발음은 이하에서도 동일하게 적용됨.

1-1 〈ア행〉 단어 익히기

소리 내여 읽고, 써보자.

→ アイロン(다리미), ウルトラマン(울트라맨), エアコン(에어콘), オレンジ(오렌지)

ア	イ	ロ	ン						

ウ	ル	ト	ラ	マ	ン				

エ	ア	コ	ン						

オ	レ	ン	ジ						

2. カ행

カ	カ	カ				
キ	キ	キ				
ク	ク	ク				
ケ	ケ	ケ				
コ	コ	コ				

* 우리말의 〔카, 키, 쿠, 케, 코〕에 가깝게 발음. 단, か행의 〔k〕 음은 단어의 맨 앞에 올 때는 우리말의 발음의 〔ㄱ〕에 가깝고, 그 외에는 〔ㅋ〕에 가깝게 발음함.

2-1 〈カ행〉 단어 익히기

소리 내여 읽고, 써보자.

→ カメラ(카메라), キッチン(주방), クッキー(쿠키), ケーキ(케이크), コーヒー(커피)

カ	メ	ラ							
キ	ッ	チ	ン						
ク	ッ	キ	ー						
ケ	ー	キ							
コ	ー	ヒ	ー						

3. サ행

サ	サ	サ				
シ	シ	シ				
ス	ス	ス				
セ	セ	セ				
ソ	ソ	ソ				

* 우리말의 〔사, 시, 스, 세, 소〕에 가깝게 발음.

3-1 〈サ행〉 단어 익히기

소리 내여 읽고, 써보자.

➥ サーカス(서커스), シーソー(시소), スケート(스케이트),
セータ(스웨터), ソーセージ(소세지)

サ	ー	カ	ス						
シ	ー	ソ	ー						
ス	ケ	ー	ト						
セ	ー	タ	ー						
ソ	ー	セ	ー	ジ					

4. タ행

タ	タ	タ				
チ	チ	チ				
ツ	ツ	ツ				
テ	テ	テ				
ト	ト	ト				

* 우리말의 〔타, 치, 츠, 테, 토〕에 가깝게 발음. 단, 〔た〕, 〔て〕, 〔と〕 음은 단어의 맨 앞에 올 때는 우리말의 발음의 〔ㄷ〕에 가깝고, 그 외에는 〔ㅌ〕에 가깝게 발음함. 〔ち〕, 〔つ〕의 경우는 우리말에는 없는 발음으로, 발음에 유의해야하며, 발음은 우리말의 〔치, 츠〕에 가깝게 발음.

4-1 〈タ행〉 단어 익히기

소리 내여 읽고, 써보자.

➥ タクシー(택시), チーズ(치즈), シャツ(셔츠), テレビ(텔레비젼), トマト(토마토)

タ	ク	シ	ー						
チ	ー	ズ							
シ	ャ	ツ							
テ	レ	ビ							
ト	マ	ト							

5. ナ행

ナ	ナ	ナ				
ニ	ニ	ニ				
ヌ	ヌ	ヌ				
ネ	ネ	ネ				
ノ	ノ	ノ				

* 우리말의 〔나, 니, 누, 네, 노〕에 가깝게 발음.

5-1 〈ナ행〉 단어 익히기

소리 내여 읽고, 써보자.

➥ ナイフ(나이프), テニス(테니스), カーヌ(카누), ネクタイ(넥타이), ノート(노트)

ナ	イ	フ							
テ	ニ	ス							
カ	ー	ヌ							
ネ	ク	タ	イ						
ノ	ー	ト							

6. ハ행

ハ	ハ	ハ				
ヒ	ヒ	ヒ				
フ	フ	フ				
ヘ	ヘ	ヘ				
ホ	ホ	ホ				

* 우리말의 〔하, 히, 후, 헤, 호〕에 가깝게 발음.

6-1 〈ハ행〉 단어 익히기

소리 내여 읽고, 써보자.

➥ ハンバーガー(햄버거), ヒーロー(영웅), フルーツ(과일), ヘリコプター(헬리콥터), ホットドック(핫도그)

ハ	ン	バ	ー	ガ	ー				
ヒ	ー	ロ	ー						
フ	ル	ー	ツ						
ヘ	リ	コ	プ	タ	ー				
ホ	ッ	ト	ド	ッ	ク				

7. マ행

マ	マ	マ				
ミ	ミ	ミ				
ム	ム	ム				
メ	メ	メ				
モ	モ	モ				

* 우리말의 〔마, 미, 무, 메, 모〕에 가깝게 발음.

7-1 〈マ행〉 단어 익히기

소리 내여 읽고, 써보자.

➥ マフラー(목도리), ミルク(우유), ハム(햄), メロン(멜론), メモ(메모)

マ	フ	ラ	ー						
ミ	ル	ク							
ハ	ム								
メ	ロ	ン							
メ	モ								

8. ヤ행

ヤ	ヤ	ヤ				
ユ	ユ	ユ				
ヨ	ヨ	ヨ				

* 우리말의 〔야, 유, 요〕에 가깝게 발음.

8-1 〈ヤ행〉 단어 익히기

소리 내여 읽고, 써보자.

➥ ヤクルト(야구르트), ヤッホー(야~호), ユニホーム(유니폼),
ヨット(요트), ヨーグルト(요구르트)

ヤ	ク	ル	ト						

ヤ	ッ	ホ	ー						

ユ	ニ	ホ	ー	ム					

ヨ	ッ	ト							

ヨ	ー	グ	ル	ト					

9. ラ행

ラ	ラ	ラ				
リ	リ	リ				
ル	ル	ル				
レ	レ	レ				
ロ	ロ	ロ				

* 우리말의 〔라, 리, 루, 레, 로〕에 가깝게 발음.

9-1 〈ラ행〉 단어 익히기

소리 내여 읽고, 써보자.

➥ ラジオ(라디오), リボン(리본), ルビー(루비), リレー(릴레이), ロボット(로봇)

ラ	ジ	オ							
リ	ボ	ン							
ル	ビ	ー							
リ	レ	ー							
ロ	ボ	ッ	ト						

10. ワ행([ン]은 받침으로 별도임)

ワ	ワ	ワ				
ヲ	ヲ	ヲ				
ン	ン	ン				

* 우리말의 〔와, 오, 응〕에 가깝게 발음. 〔を〕는 あ행의 〔お〕와 발음이 동일함. 〔ん〕은 받침으로 우리말의 〔ㅇ, ㄴ, ㅁ〕의 세 가지 발음에 가깝게 발음함.

10-1 〈ワ행〉 단어 익히기

소리 내여 읽고, 써보자.

➥ ワープロ(워드프로세서), ワンピース(원피스), ヲ(해당단어 없음), パン(빵), パソコン(퍼스널컴퓨터)

ワ	ー	プ	ロ						

ワ	ン	ピ	ー	ス					

パ	ン								

パ	ソ	コ	ン						

Memo

히라가나·가타가나 탁음·반탁음 연습

Chapter 04

히라가나와 가타가나의 탁음(濁音)·반탁음(半濁音)을 즐겁게 따라 연습해 보자.

1. が행

が	が	が				
が	が	が				
が	が	が				
が	が	が				
が	が	が				

* 우리말의 〔가, 기, 구, 게, 고〕에 비슷하나, 약간 약하고 비음(콧소리)에 가깝게 발음.

1-1 〈が행〉 단어 익히기

소리 내여 읽고, 써보자.

➥ めがね(안경), かぎ(열쇠), かぐ(가구), げんかん(현관), たまご(달걀)

め	が	ね							
か	ぎ								
か	ぐ								
げ	ん	か	ん						
た	ま	ご							

2. ざ행

ざ	ざ	ざ				
じ	じ	じ				
ず	ず	ず				
ぜ	ぜ	ぜ				
ぞ	ぞ	ぞ				

* 우리말의 〔자, 지, 즈, 제, 조〕에 비슷하나, 약간 울리게 발음.

2-1 〈ざ행〉 단어 익히기

소리 내여 읽고, 써보자.

➥ ざしき(손님방), そうじ(청소), すずめ(참새), かぜ(바람), ぞう(코끼리)

ざ	し	き							
そ	う	じ							
す	ず	め							
か	ぜ								
ぞ	う								

3. だ행

だ	だ	だ				
ぢ	ぢ	ぢ				
づ	づ	づ				
で	で	で				
ど	ど	ど				

* 우리말의 〔다, 지, 즈, 데, 도〕에 가깝게 발음. 〔ぢ〕, 〔づ〕는 앞의 〔じ,〕 〔ず〕와 발음이 동일함.

3-1 〈だ행〉 단어 익히기

소리 내여 읽고, 써보자.

➥ くだもの(과일), はなぢ(코피), つづき(연결), でんわ(전화), こども(어린이)

く	だ	も	の						
は	な	ぢ							
つ	づ	き							
で	ん	わ							
こ	ど	も							

4. ば행

ば	ば	ば				
び	び	び				
ぶ	ぶ	ぶ				
べ	べ	べ				
ぼ	ぼ	ぼ				

* 우리말의 〔바, 비, 부, 베, 보〕에 가깝게 발음.

4-1 〈ば행〉 단어 익히기

소리 내여 읽고, 써보자.

➥ かば(하마), えび(새우), ぶた(돼지), くちべに(립스틱), ぼうし(모자)

か	ば								
え	び								
ぶ	た								
く	ち	べ	に						
ぼ	う	し							

5. ガ행

ガ	ガ	ガ				
ギ	ギ	ギ				
グ	グ	グ				
ゲ	ゲ	ゲ				
ゴ	ゴ	ゴ				

* 우리말의 〔가, 기, 구, 게, 고〕에 비슷하나, 약간 약하고 비음(콧소리)에 가깝게 발음.

5-1 〈ガ행〉 단어 익히기

소리 내여 읽고, 써보자.

➥ ガム(껌), ギター(기타), グラス(컵), ゲスト(손님), ゴルフ(골프)

ガ	ム								
ギ	タ	ー							
グ	ラ	ス							
ゲ	ス	ト							
ゴ	ル	フ							

6. ザ행

ザ	ザ	ザ				
ジ	ジ	ジ				
ズ	ズ	ズ				
ゼ	ゼ	ゼ				
ゾ	ゾ	ゾ				

* 우리말의 〔자, 지, 즈, 제, 조〕에 비슷하나, 약간 울리게 발음.

6-1 〈ザ행〉 단어 익히기

소리 내여 읽고, 써보자.

➥ ザボン(자몽), ジーンズ(청바지), ズボン(바지), ゼロ(영), ゾーン(지역, 존)

ザ	ボ	ン							
ジ	ー	ン	ズ						
ズ	ボ	ン							
ゼ	ロ								
ゾ	ー	ン							

7. ダ행

ダ	ダ	ダ				
ヂ	ヂ	ヂ				
ヅ	ヅ	ヅ				
デ	デ	デ				
ド	ド	ド				

* 우리말의 〔다, 지, 즈, 데, 도〕에 가깝게 발음. 〔ヂ〕, 〔ヅ〕는 앞의 〔ジ〕, 〔ズ〕와 발음이 동일함.

7-1 〈ダ행〉 단어 익히기

소리 내여 읽고, 써보자.

➥ ダイヤル(다이얼), デザート(디저트), ドア(문)

ダ	イ	ヤ	ル						

デ	ザ	ー	ト						

ド	ア								

8. バ행

バ	バ	バ				
ビ	ビ	ビ				
ブ	ブ	ブ				
ベ	ベ	ベ				
ボ	ボ	ボ				

* 우리말의 〔바, 비, 부, 베, 보〕에 가깝게 발음.

8-1 〈バ행〉 단어 익히기

소리 내여 읽고, 써보자.

➥ バナナ(바나나), ビール(맥주), ブラシ(브러시), ベルト(벨트), ボール(공)

バ	ナ	ナ							
ビ	ー	ル							
ブ	ラ	シ							
ベ	ル	ト							
ボ	ー	ル							

9. ぱ행

ぱ	ぱ	ぱ				
ぴ	ぴ	ぴ				
ぷ	ぷ	ぷ				
ぺ	ぺ	ぺ				
ぽ	ぽ	ぽ				

* 우리말의 〔파, 피, 푸, 페, 포〕에 가깝게 발음.

9-1 〈ぱ행〉 단어 익히기

소리 내여 읽고, 써보자.

➥ かんぱい(건배), えんぴつ(연필), きっぷ(표), ぺこぺこ(꼬르륵), しっぽ(꼬리)

か	ん	ぱ	い						
え	ん	ぴ	つ						
き	っ	ぷ							
ぺ	こ	ぺ	こ						
し	っ	ぷ							

10. パ행

パ	パ	パ				
ピ	ピ	ピ				
プ	プ	プ				
ペ	ペ	ペ				
ポ	ポ	ポ				

* 우리말의 〔파, 피, 푸, 페, 포〕에 가깝게 발음.

10-1 〈パ행〉 단어 익히기

소리 내여 읽고, 써보자.

➥ パンツ(팬츠), ピアノ(파아노), プール(수영장), ペンギン(펭귄), ポスト(우체통)

パ	ン	ツ							
ピ	ア	ノ							
プ	ー	ル							
ペ	ン	ギ	ン						
ポ	ス	ト							

Memo

히라가나·가타가나의 요음 연습

Chapter 05

히라가나와 가타가나의 요음(拗音)을 재미있게 따라 연습해 보자.

1-1 き 요음

きゃ	きゃ	きゃ		
きゅ	きゅ	きゅ		
きょ	きょ	きょ		

* 우리말의 〔캬, 큐, 쿄〕에 가깝게 발음.

▶ 단어쓰기 익히기

➥ おきゃくさん(손님), きゅうりょう(급료), きょかしょ(교과서), きょうしつ(교실), きょろきょろ(두리번두리번)

お	きゃ	く	さ	ん					
きゅ	う	りょ	う						
きょ	う	か	しょ						
きょ	う	し	つ						
きょ	ろ	きょ	ろ						

1-2 し 요음

しゃ	しゃ	しゃ		
しゅ	しゅ	しゅ		
しょ	しょ	しょ		

* 우리말의 〔샤, 슈, 쇼〕에 가깝게 발음.

▶ 단어쓰기 익히기

➥ しゃしん(사진), いしゃ(의사), せんしゅ(선수),
うんてんしゅ(운전수), しょうかい(소개)

しゃ	し	ん							

い	しゃ								

せ	ん	しゅ							

う	ん	て	ん	しゅ					

しょ	う	か	い						

1-3 ち 요음

ちゃ	ちゃ	ちゃ		
ちゅ	ちゅ	ちゅ		
ちょ	ちょ	ちょ		

* 우리말의 〔챠, 츄, 쵸〕에 가깝게 발음.

▶ 단어쓰기 익히기

➥ おちゃ(녹차), ちゅうしゃき(주사기), ちょうちょう(나비),
ちゃわん(밥그릇), ちょきん(저금)

お	ちゃ								

ちゅ	う	しゃ	き						

ちょ	う	ちょ	う						

ちゃ	わ	ん							

ちょ	き	ん							

1-4 に 요음

にゃ	にゃ	にゃ		
にゅ	にゅ	にゅ		
にょ	にょ	にょ		

* 우리말의 〔냐, 뉴, 뇨〕에 가깝게 발음.

▶ 단어쓰기 익히기

➥ にゅうがく(입학), にゅうし(입시), にゅうもん(입문), にゅういん(입원), にょうぼう(마누라)

にゅ	う	が	く						

にゅ	う	し							

にゅ	う	も	ん						

にゅ	う	い	ん						

にょ	う	ぼ	う						

1-5 ひ 요음

ひゃ	ひゃ	ひゃ		
ひゅ	ひゅ	ひゅ		
ひょ	ひょ	ひょ		

* 우리말의 〔햐, 휴, 효〕에 가깝게 발음.

▶ 단어쓰기 익히기

➥ ひゃくえん(백엔), ひゃくねん(백년), ひょう(표범),
ひょうじょう(표정), ひょうし(표지)

ひゃ	く	え	ん						

ひゃ	く	ね	ん						

ひょ	う								

ひょ	う	じょ	う						

ひょ	う	し							

1-6 み 요음

みゃ	みゃ	みゃ		
みゅ	みゅ	みゅ		
みょ	みょ	みょ		

* 우리말의 〔먀, 뮤, 묘〕에 가깝게 발음.

▶ 단어쓰기 익히기

➥ さんみゃく(산맥), みょうぎ(묘기), みょうじ(성, 이름), みょうみ(묘미)

さ	ん	みゃ	く						

みょ	う	ぎ							

みょ	う	じ							

みょ	う	み							

1-7 り 요음

りゃ	りゃ	りゃ		
りゅ	りゅ	りゅ		
りょ	りょ	りょ		

* 우리말의 〔랴, 류, 료〕에 가깝게 발음.

▶ 단어쓰기 익히기

➥ りゃくず(약도), りゅうせい(유성, 별똥별), りょこう(여행), りょうり(요리), みりょく(매력)

りゃ	く	ず							
りゅ	う	せ	い						
りょ	こ	う							
りょ	う	り							
み	りょ	く							

1-8 ぎ 요음

ぎゃ	ぎゃ	ぎゃ		
ぎゅ	ぎゅ	ぎゅ		
ぎょ	ぎょ	ぎょ		

* 우리말의 〔갸, 규, 교〕에 가깝게 발음.

▶ 단어쓰기 익히기

➥ ぎゃっきょう(역경), ぎゅうにゅう(우유), ぎょみん(어민), きんぎょ(금붕어)

ぎゃ	っ	きょ	う						

ぎゅ	う	にゅ	う						

ぎょ	み	ん							

き	ん	ぎょ							

1-9 じ 요음

じゃ	じゃ	じゃ		
じゅ	じゅ	じゅ		
じょ	じょ	じょ		

* 우리말의 〔쟈, 쥬, 죠〕에 가깝게 발음.

▶ 단어쓰기 익히기

➥ じんじゃ(신사), じゅぎょう(수업), じょせい(여성),
こうじょう(공장)

じ	ん	じゃ							
じゅ	ぎょ	う							
じょ	せ	い							
こ	う	じょ	う						

1-10 び 요음

びゃ	びゃ	びゃ		
びゅ	びゅ	びゅ		
びょ	びょ	びょ		

* 우리말의 〔뱌, 뷰, 뵤〕에 가깝게 발음.

▶ 단어쓰기 익히기

➥ さんびゃく(삼백), びょうにん(병자), びょうよみ(초읽기), びょういん(병원), びょうぶ(병풍)

さ	ん	びゃ	く						
びょ	う	に	ん						
びょ	う	よ	み						
びょ	う	い	ん						
びょ	う	ぶ							

1-11 ぴ 요음

ぴゃ	ぴゃ	ぴゃ		
ぴゅ	ぴゅ	ぴゅ		
ぴょ	ぴょ	ぴょ		

* 우리말의 〔퍄, 퓨, 표〕에 가깝게 발음.

▶ 단어쓰기 익히기

➥ ろっぴゃく(육백), はっぴょう(발표), ぴょんぴょん(깡총깡총)

ろ	っ	ぴゃ	く						

は	っ	ぴょ	う						

ぴょ	ん	ぴょ	ん						

2-1 き 요음

キャ	キャ	キャ		
キュ	キュ	キュ		
キョ	キョ	キョ		

* 우리말의 〔캬, 큐, 쿄〕에 가깝게 발음.

단어쓰기 익히기

키ャンプ(캠프), キャリア(경력), キューピット(큐피드)

キャ	ン	プ							

キャ	リ	ア							

キュ	ー	ピ	ッ	ト					

2-2 し 요음

シャ	シャ	シャ		
シュ	シュ	シュ		
ショ	ショ	ショ		

* 우리말의 〔샤, 슈, 쇼〕에 가깝게 발음.

▶ 단어쓰기 익히기

➥ シャンプ(샴푸), シュークリム(슈크림), ショーツ(반바지)

シャ	ン	プ							

シュ	ー	ク	リ	ム					

ショ	ー	ツ							

2-3 ち 요음

チャ	チャ	チャ		
チュ	チュ	チュ		
チョ	チョ	チョ		

* 우리말의 〔챠, 츄, 쵸〕에 가깝게 발음.

▶ 단어쓰기 익히기

➥ チャンピオン(챔피언), チューリップ(튤립),

チョコレート(초콜릿)

チャ	ン	ピ	オ	ン					

チュ	ー	リ	ッ	プ					

チョ	コ	レ	ー	ト					

2-4 に 요음

ニャ	ニャ	ニャ		
ニュ	ニュ	ニュ		
ニョ	ニョ	ニョ		

* 우리말의 〔냐, 뉴, 뇨〕에 가깝게 발음.

▶ 단어쓰기 익히기

➥ ニャーニャー(야옹야옹), ニュース(뉴스), ニュアンス(뉘앙스)

ニャ	ー	ニャ	ー						
ニュ	ー	ス							
ニュ	ア	ン	ス						

2-5 ひ 요음

ヒャ	ヒャ	ヒャ		
ヒュ	ヒュ	ヒュ		
ヒョ	ヒョ	ヒョ		

* 우리말의 〔햐, 휴, 효〕에 가깝게 발음.

단어쓰기 익히기

ヒューマン(인간), ヒューズ(퓨즈, 전기의 휴즈)

ヒュ	ー	マ	ン						

ヒュ	ー	ズ							

2-6 み 요음

ミャ	ミャ	ミャ		
ミュ	ミュ	ミュ		
ミョ	ミョ	ミョ		

* 우리말의 〔먀, 뮤, 묘〕에 가깝게 발음.

▶ 단어쓰기 익히기

➥ ミュージック(뮤직), ミュージカル(뮤지컬)

ミュ	ー	ジ	ッ	ク					

ミュ	ー	ジ	カ	ル					

2-7 り 요음

リャ	リャ	リャ		
リュ	リュ	リュ		
リョ	リョ	リョ		

* 우리말의 〔랴, 류, 료〕에 가깝게 발음.

▶ 단어쓰기 익히기

↪ リューマチ(류머티(관절병)), リュックサック(등산용 배낭)

リュ	ー	マ	チ						
リュ	ッ	ク	サ	ッ	ク				

2-8 ぎ 요음

ギャ	ギャ	ギャ		
ギュ	ギュ	ギュ		
ギョ	ギョ	ギョ		

* 우리말의 〔갸, 규, 교〕에 가깝게 발음.

▶ 단어쓰기 익히기

➥ ギャラリ(미술관), ギュウギュウ(꽉), ギョーザ(만두)

ギャ	ラ	リ							
ギュ	ウ	ギュ	ウ						
ギョ	ー	ザ							

2-9 じ 요음

ジャ	ジャ	ジャ		
ジュ	ジュ	ジュ		
ジョ	ジョ	ジョ		

* 우리말의 〔쟈, 쥬, 죠〕에 가깝게 발음.

단어쓰기 익히기

ジャム(잼), ジュース(주스), ジョギング(조깅)

ジャ	ム								
ジュ	ー	ス							
ジョ	ギ	ン	グ						

2-10 び 요음

ビャ	ビャ	ビャ		
ビュ	ビュ	ビュ		
ビョ	ビョ	ビョ		

* 우리말의 〔뱌, 뷰, 뵤〕에 가깝게 발음.

▶ 단어쓰기 익히기

↪ デビュー(데뷔, 첫무대), ビューティー(아름다움)

デ	ビュ	ー							

ビュ	ー	ティ	ー						

2-11 ぴ 요음

ピャ	ピャ	ピャ		
ピュ	ピュ	ピュ		
ピョ	ピョ	ピョ		

* 우리말의 〔퍄, 퓨, 표〕에 가깝게 발음.

▶ 단어쓰기 익히기

➥ ピューマ(퓨마(동물))

ピュ	ー	マ							

Memo

히라가나·가타가나의 촉음 연습

Chapter 06

히라가나와 가타가나의 촉음(促音)을 재미있게 따라 연습해 보자.

1. 「か」 행의 음이 뒤에 올 때는 「ㄱ」으로 발음됨.

▶ 단어 익히기

↪ が<u>っ</u>こう(학교), に<u>っ</u>き(일기), が<u>っ</u>き(악기), バ<u>ッ</u>グ(가방)

が	っ	こ	う						
に	っ	き							
が	っ	き							
バ	ッ	グ							

2. 「さ」 행의 음이 뒤에 올 때는 「ㅅ」으로 발음됨.

▶ 단어 익히기

↪ ざ<u>っ</u>し(잡지), あ<u>っ</u>しょう(압승), き<u>っ</u>さてん(찻집),
マ<u>ッ</u>サージ(마사지)

ざ	っ	し							
あ	っ	しょ	う						
き	っ	さ	て	ん					
マ	ッ	サ	ー	ジ					

3. 「た」 행의 음이 뒤에 올 때는 「ㄷ」으로 발음됨.

▶ 단어 익히기

➥ きって(우표), ヘルメット(헬멧), スイッチ(스위치),
ロケット(로켓)

き	っ	て							
ヘ	ル	メ	ッ	ト					
ス	イ	ッ	チ						
ロ	ケ	ッ	ト						

4. 「ぱ」 행의 음이 뒤에 올 때는 「ㅂ」으로 발음됨.

▶ 단어 익히기

➥ きっぷ(차표), いっぷん(1분), コップ(컵), トップ(톱, top)

き	っ	ぷ							
い	っ	ぷ	ん						
コ	ッ	プ							
ト	ッ	プ							

Memo

히라가나 · 가타가나의 발음(撥音) 연습

Chapter 07

히라가나와 가타가나의 발음(撥音)을 신나게 따라 연습해 보자.

1. 「ざ, た, だ, な, ら」 행의 음이 뒤에 올 때는 「ㄴ」으로 발음됨.

▶ 단어 익히기

➥ にんじん(당근), せんたく(세탁), うんどう(운동), おんな(여자)

に	ん	じ	ん						
せ	ん	た	く						
う	ん	ど	う						
お	ん	な							

2. 「ま, ば, ぱ」 행의 음이 뒤에 올 때는 「ㅁ」으로 발음됨.

▶ 단어 익히기

➥ とんぼ(잠자리), しんぶん(신문), たんぽぽ(민들레), ハンマ(망치)

と	ん	ぼ							
し	ん	ぶ	ん						
た	ん	ぽ	ぽ						
ハ	ン	マ							

3.「か, が」행의 음이 뒤에 올 때는「ㅇ」으로 발음됨.

▶ **단어 익히기**

➥ き<u>ん</u>か(무궁화), ま<u>ん</u>が(만화), て<u>ん</u>いん(점원), ワ<u>ン</u>ワン(멍멍)

き	ん	か							
ま	ん	が							
て	ん	い	ん						
ワ	ン	ワ	ン						

4. 「ㄴ」과 「ㅇ」의 중간음으로 발음

단어의 맨 끝이나 さ행과 모음(あ행), 반모음(や행·わ행), は행 음 앞에 오는 경우는 우리말의 「ㄴ」과 「ㅇ」의 중간음으로 발음됨. 단, さ행 앞에 오는 경우는 「ㅇ」 보다는 「ㄴ」에 좀 더 가깝고, 모음, 반모음, は행 음 앞에 오는 경우는 「ㄴ」보다는 「ㅇ」에 좀 더 가깝게 발음됨.

▶ **단어 익히기**

➥ えほ<u>ん</u>(그림책), かば<u>ん</u>(가방), で<u>ん</u>わ(귤), し<u>ん</u>い(진의(眞意))

え	ほ	ん							
か	ば	ん							
で	ん	わ							
し	ん	い							

Chapter 08

히라가나·가타가나의 장음쓰기 연습

히라가나와 가타가나의 장음(長音)을 재미있게 따라 연습해 보자.

1. <あ단(段)의 장음>

「あ」를 붙여서 장음을 나타냄.

▶ **단어 익히기**

↪ おかあさん(어머니), おばあさん(할머니), ハンガー(옷걸이)

お	か	あ	さ	ん					

お	ば	あ	さ	ん					

ハ	ン	ガ	ー						

2. <い단(段)의 장음>

「い」를 붙여서 장음을 나타냄.

▶ **단어 익히기**

↪ おにいさん(형님, 오빠), おじいさん(할아버지)

お	に	い	さ	ん					

お	じ	い	さ	ん					

3. <う단(段)의 장음>

「う」를 붙여서 장음을 나타냄.

▶ 단어 익히기

➥ すうがく(수학), どうぐ(도구), ふうせん(풍선)

す	う	が	く						

ど	う	ぐ							

ふ	う	せ	ん						

4. <え단(段)의 장음>

「え」를 붙여서 장음을 나타냄. 한자어의 경우는 「え」를 붙여서 장음을 나타내는 경우도 있는데, 이 경우 발음은 〔e :(에-)〕 또는 〔e i(에이)〕로 발음함.

▶ 단어 익히기

➥ おねえさん(누님, 언니), とけい(시계), せんせい(선생님)

お	ね	え	さ	ん					

と	け	い							

せ	ん	せ	い						

5. <お단(段)의 장음>

「う」, 「お」를 붙여서 장음을 나타냄. 한자어의 경우는 「え」를 붙여서 장음을 나타내는 경우도 있는데, 이 경우 발음은 〔e：(에-)〕 또는 〔e i (에이)〕로 발음함.

▶ **단어 익히기**

➥ おとうさん(아버님), くうこう(공항), トースト(토스트)

お	と	う	さ	ん					
く	う	こ	う						
ト	ー	ス	ト						

일본어 문장 쓰기 연습 - 생활인사회화

Chapter 09

생활인사회화 단문을 암기하면서 재미있게 따라 써 보자.

1. 기본 인사말 Ⅰ

➥ おはよう ございます: 안녕하세요(아침인사)

お	は	よ	う	ご	ざ	い	ま	す	。

➥ こんにちは: 안녕하세요.(점심인사)

こ	ん	に	ち	は	。				

➥ こんばんは : 안녕하세요.(저녁인사)

こ	ん	ば	ん	は	。				

➥ さようなら : 안녕히 가세요(계세요)

さ	よ	う	な	ら	。				

➥ おやすみなさい : 안녕히 주무세요.

お	や	す	み	な	さ	い	。		

➥ いただきます : 잘먹겠습니다

い	た	だ	き	ま	す	。			

➥ ごちそうさまでした : 잘먹었습니다

ご	ち	そ	う	さ	ま	で	し	た	。

2. 기본 인사말 Ⅱ

➥ はじめまして : 처음 뵙겠습니다

は	じ	め	ま	し	て	。			

➥ よろしく おねがい します : 잘 부탁드립니다

よ	ろ	し	く		お	ね	が	い	
し	ま	す	。						

➥ しつれいします : 실례합니다

し	つ	れ	い	し	ま	す	。		

➥ どうも すみません : 미안합니다

ど	う	も		す	み	ま	せ	ん	。

➥ いいえ, だいじょうぶです : 아니오, 괜찮습니다

い	い	え	、	だ	い	じょ	ぶ	で	す。

➥ ごめんなさい : 죄송합니다

ご	め	ん	な	さ	い	。			

➥ おせわに なりました : 신세졌습니다

お	せ	わ	に		な	り	ま	し	た。

➥ どうも ありがとうございます：대단히 감사합니다

ど	う	も		あ	り	が	と	う	ご
ざ	い	ま	す	。					

➥ どういたしまして：천만에요

ど	う	い	た	し	ま	し	て	。	

3. 기본 인사말 III

➥ おげんきですか : 안녕하세요(잘 지내십니까)

お	げ	ん	き	で	す	か	。		

➥ はい, おかげさまで : 네, 덕분에

は	い	、	お	か	げ	さ	ま	で	。

➥ いって きます : 다녀 오겠습니다.

い	っ	て		き	ま	す	。		

➥ いって いらっしゃい : 잘 다녀 오세요

い	っ	て		い	ら	っ	しゃ	い	。

➥ ただいま ： 다녀왔습니다

た	だ	い	ま	。					

➥ おかえりなさい ： 이제 오세요

お	か	え	り	な	さ	い	。		

➥ おひさしぶりです ： 오래간만입니다.

お	ひ	さ	し	ぶ	り	で	す	。	

➥ おめでとうございます ： 축하합니다

お	め	で	と	う	ご	ざ	い	ま	す。

➥ おつかれさまでした : 수고하셨습니다

お	つ	か	れ	さ	ま	で	し	た	。

➥ いらっしゃいませ : 어서 오십시오

い	ら	っ	しゃ	い	ま	せ	。		

➥ また おこしください : 또 오십시오

ま	た		お	こ	し	く	だ	さ	い。

Memo

일본어 문장 쓰기 연습 - 생활기초회화

Chapter 10

생활기초회화 단문을 암기하면서 신나게 따라 써 보자.

1. 기본 회화문 Ⅰ

➥ いいですね: 좋군요

い	い	で	す	ね	。				

➥ やさしいですね ： 친절하시군요

や	さ	し	い	で	す	ね	。		

➥ うつくしいですね ： 아름답군요

う	つ	く	し	い	で	す	ね	。	

➥ かわいいですね ： 귀엽군요

か	わ	い	い	で	す	ね	。		

➥ おいしいですね : 맛있군요

お	い	し	い	で	す	ね	。		

➥ おもしろいですね : 재미있군요

お	も	し	ろ	い	で	す	ね	。	

➥ あたたかいですね : 따뜻합니다

あ	た	た	か	い	で	す	ね	。	

➥ いそがしいです: 바쁩니다

い	そ	が	し	い	で	す	。		

2. 기본 회화문 Ⅱ

➥ じょうずですね : 능숙하군요

じょ	う	ず	で	す	ね	。			

➥ へたです : 서툽니다

へ	た	で	す	。					

➥ まじめですね : 성실하군요

ま	じ	め	で	す	ね	。			

➥ たいへんですね : 큰일이군요

た	い	へ	ん	で	す	ね	。		

➥ しずかですね : 조용하군요

し	ず	か	で	す	ね	。			

➥ すてきですね : 멋지군요

す	て	き	で	す	ね	。			

➥ きれいですね : 예쁘군요

き	れ	い	で	す	ね	。			

➥ たいせつです : 중요합니다

た	い	せ	つ	で	す	。			

➥ すきです：좋아합니다

す	き	で	す	。					

➥ きらいです：싫어합니다

き	ら	い	で	す	。				

3. 기본 회화문 III

➥ これは なんですか：이것은 무엇입니까

こ	れ	は		な	ん	で	す	か	。

➥ これは いくらですか：이것은 얼마입니까?

こ	れ	は		い	く	ら	で	す	か。

➥ あなたは おいくつですか : 당신은 몇 살입니까?

あ	な	た	は		お	い	く	つ	で
す	か	。							

➥ どう いけば いいですか : 어떻게 가면 됩니까?

ど	う		い	け	ば		い	い	で
す	か	。							

➥ リツカルトンホテルは どこに ありますか

: 리츠칼튼호텔은 어디에 있습니까?

リツカルトンホテルは

どこに ありますか。

➥ ちかてつの えきは どちらですか : 지하철 역은 어느 쪽입니까?

ちかてつの えきは

どちらですか。

➥ これは にほんごで なんと いいますか

: 이것은 일본어로 뭐라고 합니까?

こ	れ	は		に	ほ	ん	ご	で	
な	ん	と		い	い	ま	す	か	。

➥ バスターミナルまでは どの くらい かかりますか

: 버스터미널은 얼마나 걸립니까?

バ	ス	タ	ー	ミ	ナ	ル	ま	で	は
ど	の		く	ら	い		か	か	り
ま	す	か	。						

Memo

저자약력

김태광
(金泰光)

- 일본어문학 전공
- 현) 경동대학교 교수
- 일본문부성 국비장학생
- 일본국립 고베대학교 대학원(석사, 박사) 졸업
- Doctor of Philosophy

일본어 짱 가나쓰기 교본

2009년 2월 20일 초판1쇄 인쇄
2009년 2월 25일 초판1쇄 발행

저자와의 협의하에 인지생략

저　자　김 태 광
펴낸이　임 순 재
펴낸곳　**대학교육문화원**

등록 제11-403호
121-849
주　소　서울시 마포구 성산동 133-3 한올빌딩 3층
전　화　(02)376-4298(대표)
팩　스　(02)302-8073
홈페이지　www.hanol.co.kr
e-메 일　hanol@hanol.co.kr
정　가　**8,000원**

▸ISBN 978-89-8325-532-7